SWIFT

Modeste proposition

pour empêcher les enfants des pauvres d'être à la charge de leurs parents ou de leur pays et pour les rendre utiles au public

Traduit de l'anglais par

Lili Sztajn

avec une postface de

Gilles Tordjman

Illustrations
de Marion Bataille

ÉDITIONS MILLE ET UNE NUITS

SWIFT

n° 80

Texte intégral.

Titre original : *A Modest Proposal for Preventing the Children of Poor People from being a Burthen to their Parents or Country, and for Making them Beneficial to the Public.*

ISBN : 2-84205-009-6

Sommaire

SWIFT

Modeste proposition

pour empêcher les enfants pauvres d'être à la charge de leurs parents ou de leur pays et pour les rendre utiles au public

Modeste proposition pour empêcher les enfants pauvres d'être à la charge de leurs parents ou de leur pays et pour les rendre utiles au public

C'est un objet de tristesse, pour celui qui traverse cette grande ville ou voyage dans les campagnes, que de voir les rues, les routes et le seuil des masures encombrés de mendiantes, suivies de trois, quatre ou six enfants, *tous en guenilles*, importunant le passant de leurs mains tendues. Ces mères, plutôt que de travailler pour gagner honnêtement leur vie, sont forcées de passer leur temps à arpenter le pavé, à mendier la pitance de leurs nourrissons sans défense qui, en grandissant, deviendront voleurs faute de trouver du travail, quitteront leur cher Pays natal afin d'aller combattre pour le prétendant d'Espagne, ou partiront encore se vendre aux îles Barbades.

Je pense que chacun s'accorde à reconnaître que ce nombre phénoménal d'enfants pendus aux bras, au dos ou aux talons de leur mère, et fréquemment de leur père, constitue dans le déplorable état présent du royaume une très grande charge supplémentaire ; par conséquent, celui qui trouverait un moyen équitable, simple et peu onéreux de faire participer ces enfants à la richesse commune mériterait si bien de l'intérêt public qu'on lui élèverait pour le moins une statue comme bienfaiteur de la nation.

Mais mon intention n'est pas, loin de là, de m'en tenir aux seuls enfants des mendiants avérés ; mon projet se conçoit à une bien plus vaste échelle et se propose d'englober tous les enfants d'un âge donné dont les parents sont en vérité aussi incapables d'assurer la subsistance que ceux qui nous demandent la charité dans les rues.

Pour ma part, j'ai consacré plusieurs années à réfléchir à ce sujet capital, à examiner avec attention les différents projets des autres penseurs, et y ai toujours trouvé de grossières erreurs de calcul. Il est vrai qu'une mère peut sustenter son nouveau-né de son lait durant toute une année solaire sans recours ou presque à une autre nourriture, du moins avec un complément alimentaire dont le coût ne dépasse pas deux shillings, somme qu'elle pourra aisément se procurer, ou l'équivalent en reliefs de table, par la mendicité, et c'est précisément à l'âge d'un an que je me propose de prendre en charge ces enfants, de sorte qu'au lieu d'être un fardeau pour leurs parents ou leur paroisse et de manquer de pain et de vêtements, ils puissent contribuer à nourrir et, partiellement, à vêtir des multitudes.

Mon projet comporte encore cet autre avantage de faire cesser les avortements volontaires et cette horrible pratique des femmes, hélas trop fréquente dans notre société, qui assassinent leurs bâtards, sacrifiant, me semble-t-il, ces bébés innocents pour s'éviter les dépenses plus que la honte, pratique qui tirerait des larmes de compassion du cœur le plus sauvage et le plus inhumain.

Étant généralement admis que la population de ce royaume s'élève à un million et demi d'âmes, je déduis qu'il y a environ deux cent mille couples dont la femme est reproductrice, chiffre duquel je retranche environ trente mille couples qui sont capables de subvenir aux besoins de leurs enfants, bien que je craigne qu'il n'y en ait guère autant, compte tenu de la détresse actuelle du royaume, mais cela posé, il nous reste cent soixante-dix mille reproductrices. J'en retranche encore cinquante mille pour tenir compte des fausses couches ou des enfants qui meurent de maladie ou d'accident au cours de la première année. Il reste donc cent vingt mille enfants nés chaque année de parents pauvres. Comment élever et assurer l'avenir de ces multitudes, telle est donc la question puisque, ainsi que je l'ai déjà dit, dans l'état actuel des choses, toutes les méthodes proposées à ce jour se sont révélées totalement impossibles à appliquer, du fait qu'on ne peut trouver d'emploi pour ces gens ni dans l'artisanat ni dans l'agriculture ; que nous ne construisons pas de nouveaux bâtiments (du moins dans les campagnes), pas plus que nous ne cultivons la terre ; il est rare que ces enfants puissent vivre de rapines avant l'âge de six ans, à l'exception de sujets particulièrement doués, bien qu'ils apprennent les rudiments du métier, je dois le reconnaître, beaucoup plus tôt ; durant cette période, néanmoins, ils ne peuvent être tenus que pour des apprentis délinquants, ainsi que me l'a rapporté une importante personnalité du comté de Cavan qui m'a assuré ne pas connaître plus d'un ou deux voleurs qualifiés de moins de six ans, dans une région du royaume pourtant renommée pour la pratique compétente et précoce de cet art.

Nos marchands m'assurent qu'en dessous de douze ans, les filles pas plus que les garçons ne font de satisfaisants produits négociables, et que même à cet âge, on n'en tire pas plus de trois livres, ou au mieux trois livres et demie à la Bourse, ce qui n'est profitable ni aux parents ni au royaume, les frais de nourriture et de haillons s'élevant au moins à quatre fois cette somme.

J'en viens donc à exposer humblement mes propres idées qui, je l'espère, ne soulèveront pas la moindre objection.

Un Américain très avisé que j'ai connu à Londres m'a assuré qu'un jeune enfant en bonne santé et bien nourri constitue à l'âge d'un an un mets délicieux, nutritif et sain, qu'il soit cuit en daube, au pot, rôti à la broche ou au four, et j'ai tout lieu de croire qu'il s'accommode aussi bien en fricassée ou en ragoût.

Je porte donc humblement à l'attention du public cette proposition : sur ce chiffre estimé de cent vingt mille enfants, on en garderait vingt mille pour la reproduction, dont un quart seulement de mâles – ce qui est plus que nous n'en accordons aux moutons, aux bovins et aux porcs – la raison en étant que ces enfants sont rarement les fruits du mariage, formalité peu prisée de nos sauvages, et qu'en conséquence, un seul mâle suffira à servir quatre femelles. On mettrait en vente les cent mille autres à l'âge d'un an, pour les proposer aux personnes de bien et de qualité à travers le royaume, non sans recommander à la mère de les laisser téter à satiété pendant le dernier mois, de manière à les rendre dodus, et gras à souhait pour une bonne table. Si l'on reçoit, on pourra faire deux plats d'un enfant et si l'on dîne en famille, on pourra se contenter d'un quartier, épaule ou gigot, qui, assaisonné d'un peu de sel et de poivre, sera excellent cuit au pot le quatrième jour, particulièrement en hiver.

J'ai calculé qu'un nouveau-né pèse en moyenne douze livres, et qu'il peut, en une année solaire, s'il est convenablement nourri, atteindre vingt-huit livres.

Je reconnais que ce comestible se révélera quelque

peu onéreux, en quoi il conviendra parfaitement aux propriétaires terriens qui, ayant déjà sucé la moelle des pères, semblent les mieux qualifiés pour manger la chair des enfants.

On trouvera de la chair de nourrisson toute l'année, mais elle sera plus abondante en mars, ainsi qu'un peu avant et après, car un auteur sérieux, un éminent médecin français, nous assure que grâce aux effets prolifiques du régime à base de poisson, il naît, neuf mois environ après le Carême, plus d'enfants dans les pays catholiques qu'en toute autre saison ; c'est donc à compter d'un an après le Carême que les marchés seront le mieux fournis, étant donné que la proportion de nourrissons papistes dans le royaume est au moins de trois pour un ; par conséquent, mon projet aura l'avantage supplémentaire de réduire le nombre de papistes parmi nous.

Ainsi que je l'ai précisé plus haut, subvenir aux besoins d'un enfant de mendiant (catégorie dans laquelle j'inclus les métayers, les journaliers et les quatre cinquièmes des fermiers) revient à deux shillings par an, haillons inclus, et je crois que pas un gentleman ne rechignera à débourser dix shillings pour un nourrisson de boucherie engraissé à point qui, je le répète, fournira quatre plats d'une viande excellente et nourrissante, que l'on traite un ami ou que l'on dîne en famille. Ainsi, les hobereaux apprendront à être de bons propriétaires et verront leur popularité croître parmi leurs métayers, les mères feront un bénéfice net de huit shillings et seront aptes au travail jusqu'à ce qu'elles produisent un autre enfant.

Ceux qui sont économes (ce que réclame, je dois bien l'avouer, notre époque) pourront écorcher la pièce avant de la dépecer ; la peau, traitée comme il convient, fera d'admirables gants pour dames et des bottes d'été pour messieurs raffinés.

Quant à notre ville de Dublin, on pourrait y aménager des abattoirs, dans les quartiers les plus appropriés, et qu'on en soit assuré, les bouchers ne manqueront pas, bien que je recommande d'acheter plutôt les nourrissons vivants et de les préparer « au sang » comme les cochons à rôtir.

Une personne de qualité, un véritable patriote dont je tiens les vertus en haute estime, se fit un plaisir, comme nous discutions récemment de mon projet, d'y apporter le perfectionnement qui suit. De nombreux gentilshommes du royaume ayant, disait-il, exterminé ces temps-ci leurs cervidés, leur appétit de gibier pourrait être comblé par les corps de garçonnets et de fillettes entre douze et quatorze ans, ni plus jeunes ni plus âgés, ceux-ci étant de toute façon destinés à mourir de faim en grand nombre dans toutes les provinces, aussi bien les femmes que les hommes, parce qu'ils ne trouveront pas d'emploi : à charge pour leurs parents, s'ils sont vivants, d'en disposer, à défaut la décision reviendrait à leur plus proche famille. Avec tout le respect que je dois à cet excellent ami et patriote méritant, je ne puis tout à fait me ranger à son avis ; car, mon ami américain me l'assure d'expérience, trop d'exercice rend la viande de garçon généralement coriace et maigre, comme celle de nos écoliers, et lui donne un goût désagréable ; les engraisser ne serait pas rentable. Quant aux filles, ce serait, à mon humble avis, une perte pour le public parce qu'elles sont à cet âge sur le point de devenir reproductrices. De plus, il n'est pas improbable que certaines personnes scrupuleuses en viennent (ce qui est certes fort injuste) à censurer cette pratique, au prétexte qu'elle frôle la cruauté, chose qui, je le confesse, a toujours été pour moi l'objection majeure à tout projet, aussi bien intentionné fût-il.

Mais à la décharge de mon ami, j'ajoute qu'il m'a fait cet aveu : l'idée lui a été mise en tête par le fameux Sallmanazor, un indigène de l'île de Formose qui vint à Londres voilà vingt ans et qui, dans le cours de la conversation, lui raconta que dans son pays, lorsque le condamné à mort se trouve être une jeune personne, le bourreau vend le corps à des gens de qualité, comme morceau de choix, et que de son temps, la carcasse dodue d'une jeune fille de quatorze années, qui avait été crucifiée pour avoir tenté d'empoisonner l'empereur, fut débitée au pied du gibet et vendue au Premier ministre de sa Majesté Impériale, ainsi qu'à d'autres mandarins de la cour, pour quatre cents couronnes. Et je ne peux vraiment pas nier que si le même usage était fait de certaines jeunes filles dodues de la ville qui, sans un sou vaillant, ne sortent qu'en chaise et se montrent au théâtre et aux assemblées dans des atours d'importation qu'elles ne paieront jamais, le royaume ne s'en porterait pas plus mal.

Certains esprits chagrins s'inquiètent du grand nombre de pauvres qui sont âgés, malades ou infirmes, et l'on m'a invité à réfléchir aux mesures qui permettraient de délivrer la nation de ce fardeau si pénible. Mais je ne vois pas là le moindre problème, car il est bien connu que chaque jour apporte son lot de mort et de corruption, par le froid, la faim, la crasse et la vermine, à un rythme aussi rapide qu'on peut raisonnablement l'espérer. Quant aux ouvriers plus jeunes, ils sont à présent dans une situation presque aussi prometteuse. Ils ne parviennent pas à trouver d'emploi et dépérissent par manque de nourriture, de sorte que si par accident ils sont embauchés comme journaliers, ils n'ont plus la force de travailler ; ainsi sont-ils, de même que leur pays, bien heureusement délivrés des maux à venir.

Je me suis trop longtemps écarté de mon sujet, et me propose par conséquent d'y revenir. Je pense que les avantages de ma proposition sont nombreux et évidents, tout autant que de la plus haute importance.

D'abord, comme je l'ai déjà fait remarquer, elle réduirait considérablement le nombre des papistes qui se font chaque jour plus envahissants, puisqu'ils sont les principaux reproducteurs de ce pays ainsi que nos plus dangereux ennemis, et restent dans le royaume avec l'intention bien arrêtée de le livrer au Prétendant, dans l'espoir de tirer avantage de l'absence de tant de bons protestants qui ont choisi de s'exiler plutôt que de demeurer sur le sol natal et de payer, contre leur conscience, la dîme au desservant épiscopal.

Deuxièmement. Les fermiers les plus pauvres posséderont enfin quelque chose de valeur, un bien saisissable qui les aidera à payer leur loyer au propriétaire, puisque leurs bêtes et leur grain sont déjà saisis et *que l'argent est inconnu chez eux*.

Troisièmement. Attendu que le coût de l'entretien de cent mille enfants de deux ans et plus ne peut être abaissé en dessous du seuil de dix shillings par tête et *per annum*, la richesse publique se trouvera grossie de cinquante mille livres par année, sans compter les bénéfices d'un nouvel aliment introduit à la table de tous les riches gentilshommes du royaume qui jouissent d'un goût un tant soit peu raffiné, et l'argent circulera dans notre pays, les biens consommés étant entièrement d'origine et de manufacture locale.

Quatrièmement. En vendant leurs enfants, les reproducteurs permanents, en plus du gain de huit shillings *per annum*, seront débarrassés des frais d'entretien après la première année.

Cinquièmement. Nul doute que cet aliment attirerait de nombreux clients dans les auberges dont les patrons ne manqueraient pas de mettre au point les meilleures recettes pour le préparer à la perfection, et leurs établissements seraient ainsi fréquentés par les gentilshommes les plus distingués qui s'enorgueillissent à juste titre de leur science gastronomique ; un cuisinier habile, sachant obliger ses hôtes, trouvera la façon de l'accommoder en plats aussi fastueux qu'ils les affectionnent.

Sixièmement. Ce projet constituerait une forte incitation au mariage, que toutes les nations sages ont soit encouragé par des récompenses, soit imposé par des lois et des sanctions. Il accentuerait le dévouement et la tendresse des mères envers leurs enfants, sachant qu'ils ne sont plus là pour toute la vie, ces pauvres bébés dont l'intervention de la société ferait pour elles, d'une certaine façon, une source de profit et non plus de dépenses. Nous devrions voir naître une saine émulation chez les femmes mariées – à celle qui apportera au marché le bébé le plus gras – les hommes deviendraient aussi attentionnés envers leurs épouses, durant le temps de leur grossesse, qu'ils le sont aujourd'hui envers leurs juments ou leurs vaches pleines, envers leur truie prête à mettre bas, et la crainte d'une fausse couche les empêcherait de distribuer (ainsi qu'ils le font trop fréquemment) coups de poing ou de pied.

On pourrait énumérer beaucoup d'autres avantages : par exemple, la réintégration de quelque mille pièces de bœuf qui viendraient grossir nos exportations de viande salée ; la réintroduction sur le marché de la viande de porc et le perfectionnement de l'art de faire du bon bacon, denrée rendue précieuse à nos palais par la grande destruction du cochon, trop souvent servi frais à nos tables, alors que sa chair ne peut rivaliser, tant en saveur qu'en magnificence, avec celle d'un bébé d'un an, gras à souhait, qui, rôti d'une pièce, fera grande impression au banquet du Lord Maire ou à toute autre réjouissance publique. Mais, dans un souci de concision, je ne m'attarderai ni sur ce point, ni sur beaucoup d'autres.

En supposant que mille familles de cette ville deviennent des acheteurs réguliers de viande de nourrisson, sans parler de ceux qui pourraient en consommer à l'occasion d'agapes familiales, mariages et baptêmes en particulier, j'ai calculé que Dublin offrirait un débouché annuel d'environ vingt mille pièces tandis que les vingt mille autres s'écouleraient dans le reste du royaume (où elles se vendraient sans doute à un prix un peu inférieur).

Je ne vois aucune objection possible à cette proposition, si ce n'est qu'on pourra faire valoir qu'elle réduira considérablement le nombre d'habitants du royaume. Je revendique ouvertement ce point, qui était en fait mon intention déclarée en offrant ce projet au public. Je désire faire remarquer au lecteur que j'ai conçu ce remède pour *le seul Royaume d'Irlande et pour nul autre État au monde, passé, présent, et sans doute à venir*. Qu'on ne vienne donc pas me parler d'autres expédients : *d'imposer une taxe de cinq shillings par livre de revenus aux non-résidents ; de refuser l'usage des vêtements et des meubles qui ne sont pas d'origine et de fabrication irlandaise ; de rejeter rigoureusement les articles et ustensiles encourageant au luxe venu de l'étranger ; de remédier à l'expansion de l'orgueil, de la vanité, de la paresse et de la futilité chez nos femmes ; d'implanter un esprit d'économie, de prudence et de tempérance ; d'apprendre à aimer notre Pays, matière en laquelle nous surpassent même les Lapons et les habitants de Topinambou ; d'abandonner nos querelles et nos divisions, de cesser de nous comporter comme les Juifs qui s'égorgeaient entre eux pendant qu'on prenait leur ville, de faire preuve d'un minimum de scrupules avant de brader notre pays et nos consciences ; d'apprendre à nos propriétaires terriens à montrer un peu de pitié envers leurs métayers. Enfin, d'insuffler l'esprit d'honnêteté, de zèle et de compétence à nos commerçants qui, si l'on parvenait aujourd'hui à imposer la décision de n'acheter que les produits irlandais, s'uniraient immédiatement pour tricher et nous escroquer sur la valeur, la mesure et la qualité, et ne pourraient être convaincus de faire ne serait-ce qu'une proposition équitable de juste prix, en dépit d'exhortations ferventes et répétées.*

Par conséquent, je le redis, qu'on ne vienne pas me parler de ces expédients, ni d'autres mesures du même ordre, tant qu'il n'existe pas le moindre espoir qu'on puisse tenter un jour, avec vaillance et sincérité, de les mettre en pratique.

En ce qui me concerne, je me suis épuisé des années durant à proposer des théories vaines, futiles et utopiques, et j'avais perdu tout espoir de succès quand, par bonheur, je suis tombé sur ce plan qui, bien qu'étant complètement nouveau, possède quelque chose de solide et de réel, n'exige que peu d'efforts et aucune dépense, peut être entièrement exécuté par nous-mêmes et grâce auquel nous ne courrons pas le moindre risque de *mécontenter* l'Angleterre. Car ce type de produit ne peut être exporté, la viande d'enfant étant trop tendre pour supporter un long séjour dans le sel, *encore que je pourrais nommer un pays qui se ferait un plaisir de dévorer notre nation, même sans sel.*

Après tout, je ne suis pas si farouchement accroché à mon opinion que j'en réfuterais toute autre proposition, émise par des hommes sages, qui se révélerait aussi innocente, bon marché, facile et efficace. Mais avant qu'un projet de cette sorte soit avancé pour contredire le mien et offrir une meilleure solution, je conjure l'auteur, ou les auteurs, de bien vouloir considérer avec mûre attention ces deux points. Premièrement, en l'état actuel des choses, comment ils espèrent parvenir à nourrir cent mille bouches inutiles et à vêtir cent mille dos. Deuxièmement, tenir compte de l'existence à travers ce royaume d'un bon million de créatures apparemment humaines dont tous les moyens de subsistance mis en commun laisseraient un déficit de deux millions de livres sterling ; adjoindre les mendiants par profession à la masse des fermiers, métayers et ouvriers agricoles, avec femmes et enfants, qui sont mendiants de fait. Je conjure les hommes d'État qui sont opposés à ma proposition, et assez hardis peut-être pour tenter d'apporter une autre réponse, d'aller auparavant demander aux parents de ces mortels s'ils ne regarderaient pas aujourd'hui comme un grand bonheur d'avoir été vendus comme viande de boucherie à l'âge d'un an, de la manière que je prescris, et d'avoir évité ainsi toute la série d'infortunes par lesquelles ils ont passé jusqu'ici, l'oppression des propriétaires, l'impossibilité de régler leurs termes sans argent ni travail, les privations de toutes sortes, sans toit ni vêtement pour les protéger des rigueurs de l'hiver, et la perspective inévitable de léguer pareille misère, ou pire encore, à leur progéniture, génération après génération.

D'un cœur sincère, j'affirme n'avoir pas le moindre intérêt personnel à tenter de promouvoir cette œuvre nécessaire, je n'ai pour seule motivation que *le bien de mon pays, je ne cherche qu'à développer notre commerce, à assurer le bien-être de nos enfants, à soulager les pauvres et à procurer un peu d'agrément aux riches*. Je n'ai pas d'enfants dont la vente puisse me rapporter le moindre penny ; le plus jeune a neuf ans et ma femme a passé l'âge d'être mère.

Prolégomènes à un humanisme cannibale

« Le XXIe siècle sera comestible ou ne sera pas. »

Salvador Dali,
Les Cocus du vieil art moderne.

Toute postérité étant une forme supérieure de malentendu, on s'est souvent mépris à l'égard de Swift. Non pas tant en s'abusant sur la place que le personnage tient dans la genèse d'une supposée modernité, mais en jugeant son œuvre à l'aune d'une critique erronée, réagissant comme à contretemps, boiteuse dans sa démarche, bigleuse dans ses interprétations. Voir dans *Les Voyages de Gulliver* l'archétype du roman d'imagination, empruntant les détours de la littérature de voyage pour mieux prédire l'avènement d'un imaginaire moderne personnifié par un Xavier de Maistre, et lire dans les *Opuscules* ou les *Instructions aux domestiques* rien de plus qu'un art du libelle humoristique, de la satire vacharde, quelque chose comme la préfiguration de ce style « bien senti » que la critique moderne s'enivre à renifler dans ses écuries littéraires, dans ses culs-de-basse-fosse éditoriaux. Il est tentant, et somme toute facile, de démontrer le contraire. Tout comme on balaiera d'un revers de manche l'image d'un Swift misanthrope, méfiant envers le genre humain, sorte d'anti-Rousseau atrabilaire inventant à coups de plume vitriolante un genre de morale du ricanement. Plus que tout autre, Swift fut préoccupé de son temps, et c'est bien en sociologue humaniste qu'il conçut cette *Modeste proposition* dont il est temps de faire bien sentir le *sérieux sans mélange*. L'affliction inaugurale que l'auteur éprouve à la vue de la misère étalée dans les rues de Dublin ne saurait être le fait d'un farceur ou d'un homme au cœur dur : elle dit précisément que rien de grand ne s'est fait sans cette sorte de compassion qui veut que le bonheur d'un homme ne puisse être parfait tant que subsiste le malheur d'autres hommes. De là à traiter l'autre non comme un moyen mais comme une fin en soi, il n'y a qu'un pas, qu'on franchira pour affirmer que Swift fut le plus parfait prosélyte d'une morale prékantienne déjà préoccupée du bien commun, bien avant que l'ermite de Königsberg ne fixe les règles de son impératif catégorique. Traiter l'autre comme une fin : Swift fait-il autre chose lorsqu'il propose de donner une finalité sociale à l'explosion démographique des classes pauvres ? De savants esprits objecteront que la solution proposée par Swift aux malheurs de son temps est entachée d'une cruauté particulière, puisqu'elle passe par la suppression à des fins alimentaires des enfants de pauvres, ces innocents doublement punis par l'adversité et la vénalité. Sur le plan de la faisabilité, Swift n'a aucun mal à parer ces accusations : comme la suite de l'histoire l'a montré, le réalisme économique relègue la pleurnicherie dans l'ordre du scrupule inutile. L'innocence enfantine se signale en ceci qu'elle est une culpabilité pas encore advenue : l'auteur des *Opuscules* ne fait donc que renchérir sur une morale hautement altruiste : en supprimant les enfants, on leur évite l'irrémédiable plongée dans le crime, la rencontre d'un destin inéluctable. À cet égard, on signalera que le langage populaire est légèrement abusif lorsqu'il rebaptise *faiseuses d'anges* les avorteuses clandestines. En quelques pages brillantes, Swift proposait mieux : faire un ange d'un rôti. D'une pierre, deux coups : la table et le paradis, l'esprit et la chère. Gastrosophe avant la lettre, Swift résout d'un seul mouvement divers problèmes relatifs à la paupérisation de la société, à la préservation de l'innocence, à la prospérité des classes moyennes, à l'amélioration de l'ordinaire gastronomique.

Bien longtemps après Swift, ce siècle s'inventera sur le divan d'un médecin viennois. On verra apparaître dans la culture des notions angulaires, jusqu'ici dissimulées par les lourdes tentures du refoulement : le complexe d'Œdipe en reste l'exemple le plus emblématique. Retournant au texte fondateur de Swift, on pourrait cependant remettre en cause le bien-fondé de cette déclinaison savante de la volonté de parricide. La *Modeste Proposition*, dans l'étendue de ses modestes proportions comme dans la portée de son immodeste projection, impose un concept radicalement différent, et à la lumière duquel on serait bien inspiré de relire l'histoire occidentale pour y faire apparaître des vérités cachées. L'une de ces vérités premières, que l'on résumera par l'ellipse fulgurante du « complexe d'Isaac » – le fils sacrifié par le père au nom du Père – dirait que la vertu de l'engendrement, c'est le meurtre. Qu'on se méprend en croyant que l'histoire est cette chose écrite par des fils libérés des pères. Que c'est bien justement dans l'annulation de la génération par le géniteur que se déroule toute l'histoire d'un monde qui ne va aux dernières extrémités que pour remonter aux causes premières. Swift ne dit évidemment pas autre chose lorsqu'il note à propos de la viande de bébé, sous un prétexte fallacieusement économique : « Je reconnais que ce comestible se révélera quelque peu onéreux, en quoi il conviendra parfaitement aux propriétaires terriens qui, ayant sucé la moelle des pères, semblent les mieux qualifiés pour manger la chair des enfants. » Pour preuve d'une telle clairvoyance, on verra que la grande ambition des pères modernes est de voir leurs enfants devenir toujours plus comestibles, quelle que soit la sauce à laquelle ils se feront manger. En outre, en homme de clergé profondément pieux, Swift n'est pas sans savoir que manger son prochain peut faire advenir chez le mangeur une relation fusionnelle au mangé : c'est le principe de la transsubstantiation bien connu des pères apologétiques, et que le Christ résuma par ces très célèbres paroles : « Mangez, car ceci est mon corps, et il est sacrément bon. » En des jours où l'*exclusion* sera devenue la traduction sociale de l'excommunication, on verra donc tout l'intérêt qu'il y a à réinsérer les pauvres en faisant de leurs corps les hosties de nos cultes modernes. Même si ces quelques révélations d'un altruisme dévorant peuvent paraître, de prime abord, difficiles à digérer.

GILLES TORDJMAN

Vie de Jonathan Swift

1667. Naissance à Dublin de Jonathan Swift, enfant naturel de Sir John Temple.

1682-1686. Études au Trinity College, l'université de Dublin.

1688. Première collaboration à la revue satirique *Tripos*. 5 novembre : début de la révolution.

1689. Swift se réfugie à Leicester, puis s'installe dans le Surrey. Il devient le secrétaire de sir William Temple, fils de sir John Temple. Rencontre avec Stella, probablement la fille naturelle de sir William Temple.

1690. Retour en Irlande.

1692. Parution de l'*Ode à la société athénienne*, première œuvre imprimée de Swift.

1695. Swift est ordonné prêtre en Irlande.

1697. Swift continue son service auprès de sir William Temple. Début d'intimité entre Swift et sa nièce Stella.

1699. Mort de sir William Temple. Swift retourne en Irlande comme chapelain et secrétaire de lord Berkeley.

1702. Avènement de la reine Anne. Guerre entre l'Angleterre et la France de Louis XIV.

1704. Parution (anonyme) du *Conte du Tonneau* dont les propos irréligieux scandalisent la reine.

1708-1709. Installé à Londres, Swift fréquente les milieux whigs.

1710. Le parti whig perd aux élections en octobre. Swift se fait présenter à Harley, chef des tories, qui veut mettre un terme à la guerre. Il est rédacteur de l'*Examiner*, hebdomadaire tory.

1711. Parution de *La Conduite des alliés*, ouvrage qui prône la paix avec Louis XIV. Swift mène une brillante carrière de pamphlétaire à Londres. Il envoie à Stella, installée à Dublin, des lettres qui constitueront le *Journal à Stella*. Devenu intime de la famille Vanhomrigh, il dirige les études de leur fille Esther (Vanessa).

1712. Vanessa devient sa maîtresse.

1713. Il est nommé doyen de Saint-Patrick, à Dublin.

1715. Swift n'écrit presque plus. Sa vie est partagée entre Vanessa et Stella.

1723. Vanessa rompt avec Swift après une violente querelle. Mort de Vanessa.

1726. Swift part pour l'Angleterre après douze ans d'exil en Irlande. Il est introduit auprès des francs-maçons. Parution des deux volumes de *Gulliver* en Angleterre.

1727. Parution en français de *Gulliver*. Rencontre avec Voltaire, qui l'invite à séjourner à Paris.

1728. Décès de Stella.

1729. Swift alterne les séjours à Dublin et à Market Hill. Parution de son célèbre tract irlandais, *Modeste proposition au sujet des enfants pauvres*.

1737-1745. Déclaré officiellement incapable, devenu apathique, il se fait remplacer à la tête du Chapitre de St. Patrick.

19 octobre 1745. Mort de Swift. Il est enterré le 22 octobre dans la cathédrale de St. Patrick.

Repères bibliographiques

Ouvrages de Jonathan Swift

- *La Mécanique de l'esprit*, Éditions de Paris, 1995.
- *Voyages chez plusieurs nations cultivées du monde : par Lemuel Gulliver d'abord chirurgien puis capitaine sur différents vaisseaux*, Seuil, collection L'École des lettres, 1994.
- *L'Art du mensonge politique*, J. Millon, 1993.
- *Propositions, résolutions et prédictions : opuscules humoristiques*, Circé, collection Libelles, 1992.
- *Deuxième voyage de Gulliver : voyage à Brobdingnag*, Gallimard, Édition spéciale, 1991.
- *Voyage à Lilliput : premier voyage de Gulliver*, Gallimard, Édition spéciale, 1991.
- *Œuvres*, Gallimard, La Pléiade, 1988.
- *Le Conte du Tonneau : contenant tout ce que les arts et les sciences ont de plus sublime et de plus mystérieux*, Ressouvenances, 1987.
- *Voyages de Gulliver*, Gallimard, collection Folio, 1976.
- *Journal à Stella*, Gallimard, collection Connaissance de soi, 1939.

Ouvrages sur Jonathan Swift

- CANSELIER (Eugène), *L'Hermétisme dans la vie de Swift et de ses voyages*, Fata Morgana, collection Petite Bibliothèque d'alchimie traditionnelle, 1984.
- GOULDING (Sybil), *Swift en France : essai sur l'influence de Swift en France au XIIIe siècle*, Champion, Bibliothèque de la Revue de littérature comparée, 1924.
- LAPRAZ-SEVERINO (Françoise), *Relativité et communication dans les voyages de Gulliver de Jonathan Swift*, Éd. Didier-Érudition, 1988.

LA PETITE COLLECTION

(Les livres à 10 francs)

Pour chaque titre, le texte intégral, une postface, la vie de l'auteur et une bibliographie.

AMBLER (ERIC), ***L'Ennemi commun*** (**n° 84**), **INÉDIT EN FRANÇAIS**, 48 p.
APOLLINAIRE (GUILLAUME), ***Le Roi-lune*** (**n° 64**), 48 p.
BALLARD (JAMES GRAHAM), ***Le Massacre de Pangbourne*** (**n° 74**), 104 p.
BALZAC (HONORÉ DE), ***Le Chef-d'Œuvre inconnu*** (**n°11**), 64 p. ;
Une passion dans le désert (**n° 38**), 48 p.
BARBEY D'AUREVILLY (JULES), ***Le Bonheur dans le crime*** (**n° 42**), 96 p.
BAUDELAIRE (CHARLES), ***La Fanfarlo*** (**n° 10**), 64 p. ;
Conseils aux jeunes littérateurs (**n° 58**), 32 p.
BOULGAKOV (MIKHAÏL), ***Diablerie*** (**n° 41**), 80 p.
CERVANTES (MIGUEL DE), ***L'Amant généreux*** (**n° 9**), 96 p.
CICÉRON, ***L'Amitié*** (**n° 66**), 96 p.
CONFIANT (RAPHAËL), ***Bassin des Ouragans*** (**n° 40**), **INÉDIT**, 96 p. ;
La Savane des Pétrifications (**n° 79**), **INÉDIT**, 104 p.
CONRAD (JOSEPH), ***Le Compagnon secret*** (**n° 65**), 96 p.
DANTE, ***Vita Nova*** (**n° 60**), 112 p.
DICK (PHILIP K.), ***L'Orphée aux pieds d'argile*** (**n° 67**), 48 p.
DOSTOÏEVSKI (FIODOR), ***Bobok*** (**n° 44**), 48 p.
ÉPICTÈTE, ***Manuel*** (**n° 52**), 48 p.
ÉPICURE, ***Lettre sur le bonheur*** (**n° 1**), 32 p.
FLAUBERT (GUSTAVE), ***Dictionnaire des idées reçues*** (**n° 20**), 96 p. ;
Un cœur simple (**n° 32**), 64 p.
GAUTIER (THÉOPHILE), ***Lettre à la présidente*** (**n° 46**), 48 p.
GIBRAN (KHALIL), ***Le Prophète*** (**n° 13**), 96 p.
GOGOL (NICOLAS), ***Le Portrait*** (**n° 16**), 80 p.
HESSE (HERMANN), ***Lettre à un jeune artiste*** (**n° 35**), 48 p. ;
Mon enfance (**n° 78**), 96 p.
HUGO (VICTOR), ***Claude Gueux*** (**n° 17**), 64 p.
KAFKA (FRANZ), ***Le Verdict*** (**n° 14**), 48 p.
KHAYYÂM (OMAR), ***Quatrains*** (**n° 51**), 80 p.
KLEIST (HEINRICH VON), ***Sur le théâtre de marionnettes*** (**n° 8**), 32 p.
LA BOÉTIE (ÉTIENNE DE), ***Discours de la servitude volontaire*** (**n° 76**), 64 p.
LAFARGUE (PAUL), ***Le Droit à la paresse*** (**n° 30**), 80 p.
LAUTRÉAMONT, ***Poésies*** (**n° 83**), 64 p.
LEOPARDI (GIACOMO), ***Éloge des oiseaux*** (**n° 61**), 32 p.
LEVI (PRIMO), ***Le Devoir de mémoire*** (**n° 50**), **INÉDIT EN FRANÇAIS**, 96 p.
LONDON (JACK), ***Un steak*** (**n° 12**), 64 p.
MANSFIELD (KATHERINE), ***Félicité*** (**n° 22**), 48 p.
MARX (KARL), **ENGELS** (FRIEDRICH), ***Manifeste du Parti communiste*** (**n° 48**), 80 p.
MAUPASSANT (GUY DE), ***Un fils*** (**n° 7**), 32 p. ; ***Le Horla*** (**n° 26**), 64 p.

MELVILLE (HERMAN), ***Bartleby*** (**n° 39**), 80 p.
MÉRIMÉE (PROSPER), ***Carmen*** (**n° 31**), 112 p.
MOLIÈRE, ***Dom Juan*** (**n° 29**), 112 p.
MONTAIGNE (MICHEL DE), ***De l'amitié*** (**n° 55**), 48 p.
MONTESQUIEU, ***Éloge de la sincérité*** (**n° 68**), 32 p.
MOORCOCK (MICHAEL), ***Souvenirs de la Troisième Guerre mondiale*** (**n° 77**), 96 p.
MURAIL (LORRIS), ***La Méthode albanaise*** (**n° 70**), **INÉDIT**, 56 p.
MUSSET (ALFRED DE), ***Le Fils du Titien*** (**n° 54**), 80 p.
NABOKOV (VLADIMIR), ***Bruits*** (**n° 63**), 48 p.
OVIDE, ***Remèdes à l'amour*** (**n° 6**), 64 p.
PA KIN, ***À la mémoire d'un ami*** (**n° 72**), 72 p.
PASCAL (BLAISE), ***Discours sur les passions de l'amour*** (**n° 53**), 48 p.
PAVESE (CESARE), ***La Trilogie des machines*** (**n° 23**), **INÉDIT EN FRANÇAIS**, 64 p.
PERRAULT (CHARLES), ***Peau d'Âne*** (**n° 5**), 64 p.
PIRANDELLO (LUIGI), ***Le Voyage*** (**n° 28**), 48 p.
POE (EDGAR), ***Le Scarabée d'or*** (**n° 4**), 96 p. ; ***La Lettre volée*** (**n° 82**), 56 p.
POUCHKINE (ALEXANDRE), ***La Dame de pique*** (**n° 27**), 64 p.
PROUST (MARCEL), ***Sur la lecture*** (**n° 24**), 80 p.
RABELAIS (FRANÇOIS), ***Pantagruéline Prognostication*** (**n° 33**), 64 p.
RIMBAUD (ARTHUR), ***Une saison en enfer*** (**n° 15**), 64 p.
SADE, ***Dialogue entre un prêtre et un moribond*** (**n° 3**), 32 p.
Français, encore un effort si vous voulez être républicains (**n° 59**), 96 p.
SAPPHO, ***Le Désir*** (**n° 37**), 48 p.
SÉNÈQUE, ***De la brièveté de la vie*** (**n° 18**), 64 p.
SIMAK (CLIFFORD D.), ***Mirage*** (**n° 71**), 48 p.
STENDHAL, ***Ernestine ou La Naissance de l'amour*** (**n° 2**), 64 p.
Le Coffre et le Revenant (**n° 47**), 48p.
STEVENSON (ROBERT LOUIS), ***Les Gais Lurons*** (**n° 45**), 96 p.
SVEVO (ITALO), ***Le Vin du salut*** (**n° 34**), 48 p.
SWIFT (JONATHAN), ***Modeste proposition pour empêcher les enfants pauvres d'être à la charge de leurs parents ou de leur pays et pour les rendre utiles au public*** (**n° 80**), 40 p.
TCHEKHOV (ANTON), ***La Dame au petit chien*** (**n° 57**), 48 p.
TOURGUENIEV (IVAN), ***Apparitions*** (**n° 36**) , 64 p.
TWAIN (MARK), ***Le Journal d'Ève*** (**n° 56**), 48 p.
VANEIGEM (RAOUL), ***Avertissement aux écoliers et lycéens*** (**n° 69**), **INÉDIT**, 80 p.
VERLAINE (PAUL), ***Femmes***, **suivi de** ***Hombres*** (**n° 62**), 80 p.
VOLTAIRE, ***Micromégas*** (**n° 21**), 48 p.
WELLS (HERBERT GEORGE), ***Le Nouvel Accélérateur*** (**n° 75**), 32 p.
WILDE (OSCAR), ***Aphorismes*** (**n° 73**), 104 p.
WOOLF (VIRGINIA), ***Le Faux Roman*** (**n° 49**), 48 p.
ZOLA (ÉMILE), ***J'accuse*** (**n° 19**), 48 p.
Cantique des Cantiques (**n° 25**), 48 p.
L'Ecclésiaste (**n° 43**), 48 p.
Proverbes de Salomon (**n° 81**), 96 p.

Achevé d'imprimer en octobre 1995,
sur papier recyclé Ricarta-Pigna par G. Canale & C. SpA (Turin)